Los aspectos cruciales de las prioridades en el Recobro del Señor hoy

Witness Lee

Living Stream Ministry
Anaheim, California

© 2001 Living Stream Ministry

Todos los derechos reservados. Ninguna parte de esta obra puede ser reproducida ni trasmitida por ningún medio —gráfico, electrónico o mecánico, lo cual incluye fotocopiado, grabación y sistemas informáticos— sin el consentimiento escrito del editor.

Primera edición: marzo del 2001.

ISBN 0-7363-1276-5

Traducido del inglés
Título original: *The Crucial Points of the Major Items of the Lord's Recovery Today*
(Spanish Translation)

Publicado por

Living Stream Ministry
2431 W. La Palma Avenue, CA 92801 U.S.A.
P. O. Box 2121, Anaheim, CA 92814 U.S.A.

Impreso en los Estados Unidos de América

01 02 03 04 05 06 / 9 8 7 6 5 4 3 2 1

PREFACIO

Este pequeño tomo fue recopilado de varias obras que el hermano Witness Lee escribió acerca del Dios triuno y del primer capítulo del libro titulado *1993 Blending Conference Messages concerning the Lord's Recovery and Our Present Need by 47 Speakers* [Conferencia de compenetración de 1993: mensajes acerca del recobro del Señor y nuestra necesidad actual, dada por 47 oradores].

LOS ASPECTOS CRUCIALES DE LAS PRIORIDADES EN EL RECOBRO DEL SEÑOR HOY

El recobro del Señor hoy consiste en restaurar las verdades divinas reveladas en las santas Escrituras, la Palabra de Dios (2 Ti. 3:16). En el transcurso de los siglos, estas verdades se han perdido, han sido descuidadas o se han interpretado mal o enseñado erróneamente. Por consiguiente, es necesario que el Señor las recobre. En la era de los primeros apóstoles, en la era de los padres de la iglesia, en la era de los concilios de la iglesia, en la era del catolicismo con su sistema papal y en la era de las prácticas protestantes, el Señor siempre ha restaurado algunas de las verdades, las cuales han sido presentadas por algunos santos que han amado al Señor y Su Palabra santa.

Entre los aspectos principales del recobro del Señor, algunos son más cuciales que otros. En este breve tomo quisiéramos examinar los aspectos cruciales de las prioridades del recobro actual del Señor. Estas prioridades son el Dios triuno, el Cristo que lo es todo, el Espíritu consumado, la vida eterna, la iglesia, la unidad del Cuerpo de Cristo y la base de unidad de la iglesia.

I. EL DIOS TRIUNO

El aspecto central de los elementos principales del recobro del Señor hoy es la revelación divina acerca del Dios triuno. Entre los cristianos la verdad acerca del Dios triuno se ha perdido, descuidado, interpretado mal o enseñado incorrectamente. Por lo tanto, es necesario recobrar dicha verdad.

6   LOS ASPECTOS CRUCIALES DE LAS PRIORIDADES

A. Dos títulos básicos de Dios: *Elohim*, en la creación, y *Jehová*, en Su relación con el hombre

La Biblia menciona a Dios por primera vez en Génesis 1:1, con las palabras: "En el principio creó Dios..." La palabra traducida Dios es el nombre hebreo *Elohim*. En dicho versículo, este nombre se usa en el contexto de la creación, y es un sustantivo plural, pese a que el verbo "creó" aparece en singular. La pluralidad del nombre *Elohim* deja implícita la Trinidad divina. Además, Génesis 1:26a, 3:22a y 11:7a mencionan a Dios usando pronombres plurales, tales como *nosotros* y *nuestra*. En Isaías 6:8 Dios dice: "¿A quién enviaré [singular], y quién irá por nosotros [plural]?" Este versículo muestra que Dios es "uniplural". En Juan 17 el Señor Jesús oró al Padre de la siguiente manera: "Para que sean uno, así como Nosotros somos uno" (vs. 22b, 11b). También oró diciendo: "Que también ellos estén en Nosotros" (v. 21). Dios el Padre y Dios el Hijo son "Nosotros"; son una pluralidad, pero siguen siendo uno solo (Mt. 28:19; 2 Co. 13:14). El título *Elohim*, el cual denota que Dios es uno y a la vez trino, se usa más de dos mil quinientas veces en el Antiguo Testamento.

Otro título de Dios es *Jehová* (Gn. 2:4), y se utiliza cuando se habla de la relación de Dios con el hombre. Este título significa literalmente: "El es el que es; o sea, el eterno Yo soy". Como tal, El es el que era, el que es y el que ha de venir. Apocalipsis 1:4 habla de "Aquel que es y que era y que ha de venir". En el pasado El era; en el presente El es, y en el futuro El será. El es el gran Yo soy.

El Señor Jesús les dijo a los fariseos: "Si no creéis que Yo soy, en vuestros pecados moriréis" (Jn. 8:24b). Ellos le preguntaron en cierta ocasión: "Aún no tienes cincuenta años, ¿y has visto a Abraham?" Jesús les respondió: "De cierto, de cierto os digo: Antes que Abraham fuese, Yo soy" (vs. 57-58). Por ser el gran Yo Soy, el Señor es el Dios eterno. Por lo tanto, El existía antes que Abraham y es mayor que él (v. 53). El nombre Jesús significa "Jehová el Salvador". Jesús es Jehová, el eterno Yo Soy.

Cuando Dios llamó a Moisés, éste le preguntó cuál era Su

nombre. En Exodo 3:13-14 leemos: "Dijo Moisés a Dios: He aquí que llego yo a los hijos de Israel, y les digo: El Dios de vuestros padres me ha enviado a vosotros. Si ellos me preguntaren: ¿Cuál es su nombre?, ¿qué les responderé? Y respondió Dios a Moisés: YO SOY EL QUE SOY. Y dijo: Así dirás a los hijos de Israel: YO SOY me envió a vosotros". El Dios de Abraham, de Isaac y de Jacob es el Yo Soy (v. 15). En Su persona está el Padre, como Abraham, el Hijo, como Isaac, y el Espíritu, como Jacob. Jehová es tres y a la vez uno solo. El título *Jehová,* que denota al Dios triuno, quien existe desde siempre y para siempre y además es el mismo eternamente, se usa más de siete mil veces en el Antiguo Testamento.

B. La Trinidad divina: el Padre, el Hijo y el Espíritu, participa en la distribución de Dios a Su pueblo escogido

Según la revelación completa de los sesenta y seis libros de la Biblia, la Trinidad divina —el Padre, el Hijo y el Espíritu— imparten a Dios, o sea que lo distribuyen a Su pueblo escogido. Dios desea intensamente impartirse en Sus escogidos para ser su vida, su suministro de vida y su todo. El debía ser triuno a fin de llevar esto a cabo.

El Padre como origen es la fuente; el Hijo como expresión es el manantial, y el Espíritu como transmisión es el fluir. El Espíritu, el fluir, llega a nosotros y nos aplica al Dios triuno para que El se distribuya en Sus escogidos. La fuente es el origen de la corriente o el río; el manantial es el brote o la expresión de la fuente; y la corriente del río es el caudal. En Jeremías 2:13 Dios se refiere a Sí mismo como una fuente de agua viva; en Juan 4:14 Cristo es el manantial que brota en los creyentes para vida eterna; y en Apocalipsis 22:1 el Espíritu es el fluir. El Padre es la fuente, el origen, y el Hijo es el manantial que da curso o permite que la fuente se exprese. Este caudal, este manantial, produce una corriente, la cual es el Espíritu que lleva consigo al Dios triuno y lo aplica. Esto nos muestra que Dios es triuno a fin de impartirse y distribuirse en Sus escogidos.

En 2 Corintios 13:14 dice: "La gracia del Señor Jesucristo,

el amor de Dios, y la comunión del Espíritu Santo sean con todos vosotros". Aparecen estas tres cosas: la gracia, el amor y la comunión, lo cual muestra la razón por la cual Dios es triuno. Es así como Él puede infundirse y forjarse en nosotros para que lo disfrutemos y sea nuestro todo. El amor de Dios, es decir, el amor del Padre, es el origen. La gracia de Cristo el Hijo es el caudal del amor del Padre. Y la comunión del Espíritu Santo es el fluir hacia nosotros de la gracia del Hijo con el amor del Padre para que nosotros lo disfrutemos. De este modo, podemos experimentar y disfrutar al Dios triuno, o sea, Padre, Hijo y Espíritu. El amor del Padre, la gracia del Hijo y la comunión del Espíritu Santo no son tres cosas diferentes, sino tres etapas de una misma entidad que nosotros podemos poseer y disfrutar. En 2 Corintios 13:14 se demuestra claramente que la noción de la Trinidad divina no es un tema doctrinal que debemos estudiar en la teología sistemática, sino algo necesario para que Dios pueda impartirse a Sus escogidos y distribuirse entre ellos.

C. La coexistencia eterna de la Trinidad divina

Debemos comprender que el Padre, el Hijo y el Espíritu coexisten, existen simultáneamente desde siempre y para siempre. Sin duda alguna, el Padre es Dios (1 P. 1:2; Ef. 1:17), el Hijo es Dios (He. 1:8; Jn. 1:1; Ro. 9:5) y también el Espíritu es Dios (Hch. 5:3-4), pero no hay tres Dioses, sino uno solo (1 Co. 8:4; Is. 45:5; Sal. 86:10); aún así, es tres, a saber: el Padre, el Hijo y el Espíritu. Él es el Dios triuno.

El Padre es eterno (Is. 9:6); el Hijo es eterno (He. 1:12; 7:3); el Espíritu es eterno (He. 9:14), y los tres existen simultáneamente. Leemos en Juan 14:16-17: "Y Yo rogaré al Padre, y os dará otro Consolador, para que esté con vosotros para siempre; el Espíritu de realidad". En estos dos versículos el Hijo dice que Él orará al Padre para que envíe al Espíritu. Por lo tanto, el Padre, el Hijo y el Espíritu existen distintamente al mismo tiempo. En Efesios 3:14-17 Pablo ora pidiendo que el Padre nos fortalezca con poder mediante Su Espíritu en nuestros corazones. En dicho pasaje tenemos al Padre, al Espíritu y a Cristo el Hijo, lo cual una vez más nos muestra que los tres existen simultáneamente. Ya hablamos de 2 Corintios 13:14, donde se enumeran la gracia de Cristo el Hijo, el amor de Dios el Padre y la comunión del Espíritu Santo. Dicho pasaje deja constancia de la coexistencia de los tres de la Trinidad divina.

D. Los tres de la Trinidad divina moran el uno en el otro recíproca y eternamente

La relación que existe entre el Padre, el Hijo y el Espíritu no consiste sólo en que existen simultáneamente sino en que los tres moran el uno en el otro recíprocamente. El Padre existe en el Hijo y en el Espíritu; el Hijo existe en el Padre y en el Espíritu; y el Espíritu existe en el Padre y en el Hijo. Esta morada mutua del uno en el otro se produce en la Deidad. En Juan 14:10-11 el Señor Jesús dijo: "¿No crees que Yo estoy en el Padre, y el Padre está en Mí? Las palabras que Yo hablo, no las hablo por Mi propia cuenta, sino que el Padre que permanece en Mí, Él hace Sus obras. Creedme que Yo estoy en el Padre, y el Padre está en Mí; y si no, creedme por las mismas obras". Aquí no sólo vemos que el Padre y el Hijo coexisten, sino que además moran el uno en el otro. Los tres de la Deidad —el Padre, el Hijo y el Espíritu— existen simultáneamente y moran el uno en el otro recíprocamente.

E. La esencia de la Trinidad

El aspecto esencial de la Trinidad se relaciona con la existencia del Dios triuno. En esencia Dios es uno; es el único Dios (Is. 45:18b; 1 Co. 8:6a). En el aspecto esencial de la Trinidad, el Padre, el Hijo y el Espíritu existen simultáneamente y habitan mutuamente el uno en el otro del mismo modo y no de forma consecutiva, es decir, no existe primero uno, luego otro, y después un tercero.

F. La economía [o aspecto administrativo] de la Trinidad

Dios es uno solo en esencia, pero en el aspecto económico o administrativo es tres, a saber, el Padre, el Hijo y el Espíritu (Mt. 28:19; 2 Co. 13:14). En el plan de Dios, en Su administración o economía, el Padre da el primer paso, el Hijo el segundo, y el Espíritu el tercero. El padre formuló Su propósito (Ef. 1:4-6), el Hijo lo llevó a cabo (vs. 7-12), y el Espíritu aplica lo que el Hijo logró según el propósito del Padre (vs. 13-14). Este es un procedimiento sucesivo o una secuencia en la economía de Dios, que consiste en llevar a cabo Su propósito eterno. El aspecto esencial de la Trinidad alude a lo que Dios es, mientras que el aspecto económico o administrativo se refiere al plan según el cual Dios actúa. La Trinidad divina existe y, además, lleva a cabo Su plan.

El Padre dio el primer paso, que fue crear Su plan, Su economía, al escogernos y predestinarnos, pero lo hizo en Cristo el Hijo (Ef. 1:4-5) y con el Espíritu. Después de hacer Su plan, el Hijo vino y lo efectuó, pero lo hizo con el Padre (Jn. 8:29; 16:32) y por el Espíritu (Lc. 1:35; Mt. 1:18, 20; 12:28). Después de que el Hijo lleva a cabo lo que el Padre planeó, el Espíritu da el tercer paso y nos aplica todo esto, pero lo hace como el Hijo y con el Padre (Jn. 14:26; 15:26; 1 Co. 15:45; 2 Co. 3:17). De este modo, mientras la economía de la Trinidad divina se lleva a cabo, la existencia de la Trinidad, Su coexistencia y Su morada mutua, permanecen intactas.

G. Los tres de la Trinidad divina son distintos, pero no están separados

Existe una distinción entre los tres de la Trinidad, mas no una separación. El Padre es distinto al Hijo, el Hijo es distinto al Espíritu, y el Espíritu es distinto al Hijo y al Padre; pero no podemos decir que estén separados, ya que moran el uno en el otro. En coexistencia los tres de la Deidad son distintos, pero el hecho de que moren el uno en el otro los hace uno solo. Ellos coexisten en esa morada mutua; por consiguiente, son distintos pero no están separados.

El Hijo nunca hizo nada separado del Padre (Jn. 5:19). El vino en el nombre del Padre (v. 43) y con El (8:29; 16:32). El está en el Padre, y el Padre en El (14:10-11). Además, fue engendrado por el Espíritu Santo (Lc. 1:35; Mt. 1:18, 20) y lo hizo todo por el Espíritu (Lc. 4:1, 18a; Mt. 12:28).

Las santas Escrituras también revelan que el Hijo es el Padre. Isaías 9:6 dice: "Porque un niño nos es nacido, hijo nos es dado ... y se llamará su nombre ... Dios fuerte, Padre eterno". El Señor Jesús, aquel niño que nació en Belén, es el Dios fuerte, y ese Hijo es el Padre eterno.

Juan 14:7-11 dice: "Si me conocieseis, también a Mi Padre conoceríais; y desde ahora le conocéis, y le habéis visto. Felipe le dijo: Señor, muéstranos al Padre, y nos basta. Jesús le dijo: ¿Tanto tiempo hace que estoy con vosotros, y no me has conocido, Felipe? El que me ha visto a Mí, ha visto al Padre; ¿cómo, pues, dices tú: Muéstranos al Padre? ¿No crees que Yo estoy en el Padre, y el Padre está en Mí? Las palabras que Yo os hablo, no las hablo por Mi propia cuenta, sino que el Padre que permanece en Mí, El hace Sus obras. Creedme que Yo estoy en el Padre, y el Padre está en Mí; si no, creedme por las mismas obras". En este pasaje el Señor claramente nos revela el misterio de que El y el Padre son uno solo (Jn. 10:30). El está en el Padre, y el Padre en El; cuando El habla, es el Padre quien lo hace; cuando los hombres lo ven a El, ven al Padre; cuando lo conocen a El, conocen al Padre, porque El es el Padre.

Las Escrituras también revelan que el Hijo (el postrer Adán) fue hecho el Espíritu vivificante. En 1 Corintios 15:45 dice: "Fue hecho ... el postrer Adán, Espíritu vivificante". El postrer Adán obviamente es el Señor Jesús encarnado, y el Espíritu vivificante es el Espíritu Santo. No puede haber otro Espíritu vivificante aparte del Espíritu Santo. El Señor se hizo carne y llegó a ser el postrer Adán; más adelante, después de Su muerte y resurrección, El llegó a ser el Espíritu vivificante.

Lo que el Señor dijo en Juan 14:16-20 confirma esto, pues afirma que El pasaría por la muerte y la resurrección para llegar a ser otro Consolador, el Espíritu de realidad, el cual estaría con nosotros y moraría en nosotros. Dice el Señor en el versículo 17 con relación al Espíritu de realidad: "Permanece con vosotros, y estará en vosotros". Luego añade: "No os dejaré huérfanos; vengo a vosotros". El Espíritu de realidad mencionado en el versículo 17 es el mismo que no nos dejará huérfanos en el versículo 18, o sea, que es el propio Señor. De hecho, es como si dijera: "Cuando El viene, vengo Yo. El es Yo, y Yo soy El". El Espíritu Santo es el Señor Jesús, y el Señor

Jesús es el Espíritu Santo. Además, en el versículo 17 el Señor afirma: "El Espíritu de realidad ... estará en vosotros", y en el versículo 20 dice: "Yo en vosotros". Esto demuestra que el Espíritu Santo, quien está en nosotros, es el Señor Jesús, quien murió y resucitó.

En 2 Corintios 3:17 leemos: "El Señor es el Espíritu". El Señor a quien alude este texto es, obviamente, el Señor Jesús, y el Espíritu es el Espíritu Santo. Este versículo nos dice claramente que nuestro Señor Jesús es el Espíritu Santo. Él es el Padre y el Espíritu, el propio Dios y el Señor. Esto demuestra sin lugar a dudas que el Padre, el Hijo y el Espíritu son un solo Dios, no tres. Aunque son distintos, no pueden estar separados.

H. El Dios triuno está en nosotros para que le experimentemos y le disfrutemos

Debemos ver que el Dios que se imparte en nosotros es triuno. Según el Nuevo Testamento, el Padre, el Hijo y el Espíritu moran en nosotros (Ef. 4:6; Col. 1:27; Jn. 14:17). Aunque los tres están en nosotros, en nuestra experiencia percibimos que en nosotros hay uno solo. Esta persona que mora en nosotros es el Dios triuno.

El Señor nos manda que bauticemos a los que hagamos discípulos de todas las naciones "en el nombre del Padre, y del Hijo, y del Espíritu Santo" (Mt. 28:19). La Trinidad divina tiene un solo nombre. El nombre es la suma del Ser divino, que equivale a Su persona. Bautizar a alguien en el nombre del Dios triuno es sumergirlo en todo lo que el Dios triuno es. Cuando creemos en Cristo y somos bautizados en la persona de la Trinidad divina, debemos disfrutar diariamente al Dios triuno participando del amor del Padre, de la gracia de Cristo el Hijo y de la comunión del Espíritu Santo (2 Co. 13:14). Al final, disfrutaremos a la Trinidad divina en Su impartición divina al máximo por la eternidad. Apocalipsis 22:1 dice que el río de agua de vida procede del trono de Dios y del Cordero. Esto muestra que el Dios triuno —Dios, el Cordero y el Espíritu (simbolizado por el agua de vida)— se imparte en Sus redimidos bajo Su autoridad (implícita en el trono) por la eternidad.

Martín Lutero nos advirtió que no debemos abordar el tema de la Trinidad divina valiéndonos de nuestro intelecto natural. Dijo que quienes estudian este tema confiando en su propio intelecto son "maestros de Dios, no discípulos Suyos". Ningún ser humano puede explicar satisfactoriamente lo que es la Trinidad divina. Sencillamente debemos aceptarla y decir amén a lo que consta en la Palabra pura de Dios. Lo único que podemos hacer es presentar los hechos divinos que hallamos en el Nuevo Testamento según esta gran verdad, para que comprendamos que el Dios triuno se imparte en nuestro ser. En vez de utilizar nuestro intelecto para tratar de descifrar lo que es el Dios triuno, debemos usar nuestro espíritu para experimentar y disfrutar la maravillosa impartición del Dios triuno como el Padre, el Hijo y el Espíritu Santo a nuestro ser.

¿Qué es la herejía del modalismo?

El modalismo sufrió varios cambios en los siglos segundo y tercero, hasta llegar a su expresión más definida con Sibelius. Esta herejía afirma que el Padre, el Hijo y el Espíritu no son eternos ni existen al mismo tiempo, sino que son tres manifestaciones temporales de un solo Dios. El modalismo asevera que el Padre deja de ser en el momento en que viene el Hijo, y que el Hijo cesa cuando viene el Espíritu. Los que defienden esta doctrina dicen que los tres de la Deidad existen respectivamente en tres etapas consecutivas. No creen que los tres de la Deidad existen al mismo tiempo ni que moren el uno en el otro. Obviamente, esto es una terrible herejía.

Nosotros creemos en la coexistencia eterna y la morada mutua de los tres de la Deidad; o sea que creemos que el Padre, el Hijo y el Espíritu existen en esencia simultáneamente y en las mismas condiciones. Sin embargo, creemos que en el aspecto económico o administrativo, los tres trabajan y se manifiestan en tres etapas consecutivas. Aún así, en Su obra administrativa, en Su economía, los tres actúan en esencia en Su coexistencia y morando el uno en el otro.

¿Qué es la herejía del triteísmo?

El modalismo recalca el aspecto de que Dios es uno solo y

lleva este concepto al extremo, pues niega la coexistencia y la morada mutua de los tres de la Deidad. Por su parte, el triteísmo da énfasis al concepto de que Dios es tres, a tal extremo que afirma que el Padre, el Hijo y el Espíritu son tres Dioses. La Biblia no apoya ninguno de estos dos extremos y presenta una posición que se halla en el centro; afirma la dualidad de la verdad acerca de la Trinidad divina. En cuanto al Dios triuno, debemos mantener una posición equilibrada y evitar los extremos heréticos del modalismo y del triteísmo.

Es una terrible herejía decir que hay tres Dioses. Las Escrituras afirman clara y categóricamente que hay un solo Dios (1 Co. 8:4; Is. 44:6, 8; 45:5-6, 21-22; 46:9; Sal. 86:10). Los triteístas dicen: "Si el Padre, el Hijo y el Espíritu Santo no son tres Dioses, ¿cómo pueden considerarse tres personas?" Griffith Thomas en su libro *Principles of Theology* [Principios teológicos] dijo, refiriéndose a la Trinidad divina: "La palabra *persona* también presenta ciertas dificultades. Puede comunicar inexactitud y evidentes errores en todos los idiomas. Así que no debemos hacer mucho hincapié en dicho término, pues esto nos conduciría al triteísmo". Ya que los triteístas defienden la idea de tres en la Deidad y pasan por alto que Dios es uno, pierden la posición equilibrada y salen del terreno ortodoxo.

Tanto el modalismo como el triteísmo caen en extremos, mas nosotros nos mantenemos en el centro y en el equilibrio. Cuando decimos que el Hijo es el Padre (Is. 9:6) y que el Señor es el Espíritu (2 Co. 3:17), solamente estamos citando la Biblia. Los que niegan estos hechos están en peligro de caer en el triteísmo. Como ya dijimos, creemos todos los versículos de la Biblia que revelan que los tres de la Deidad coexisten y moran el uno en el otro. Rechazamos tanto el modalismo como el triteísmo, y los consideramos herejías. Creemos que Dios es eternamente uno y que al mismo tiempo El es el Padre, el Hijo y el Espíritu. Algunos podrían preguntar: "¿Cómo es posible que el Padre, el Hijo y el Espíritu Santo sean tres y a la vez uno?" Mi respuesta es: "No lo sé, ni lo puedo explicar. Si tratase de comprenderlo, estaría, como decía Martín Lutero, enseñándole a Dios". La Trinidad divina es un misterio que está por encima de nuestra comprensión humana.

II. EL CRISTO QUE LO ES TODO

El Cristo que revelan tanto el Antiguo Testamento como el Nuevo lo es todo y es universalmente vasto. En Efesios 1:23 dice que Cristo lo llena todo en todos, y en 3:18 dice que Sus dimensiones son inconmensurables, pues son las dimensiones del universo. Cristo no solamente lo es todo, sino que también es vasto. Mediante la encarnación llegó a ser el Dios-hombre en quien moraba corporalmente el Dios triuno (Col. 2:9) y es el centro y la universalidad de la economía eterna de Dios. A lo largo de los últimos diecinueve siglos, los cristianos no lo han comprendido, lo han descuidado, lo han presentado erróneamente y los fundadores de herejías lo han distorsionado con sutileza. Entre éstos se hallan Cerinto (véase la nota 22[1] de 1 Juan 2, y la nota 9[1] de 2 Juan), los gnósticos (véase la nota 14[2], segundo párrafo, de Juan 1) y los docetas (véase la nota 3[1] de 1 Juan 4); todos éstos surgieron en el siglo primero. En el siglo quinto aparecieron los nestorianos. En los últimos trece siglos ha estado presente el catolicismo romano demoníaco. En los últimos dos siglos aparecieron los proponentes del alto criticismo y los modernistas. Todos ellos niegan diferentes aspectos de la persona y la obra de Cristo. Los cerintios negaban la divinidad de Cristo; los docetas negaban que El fuera humano. Otros negaban Su muerte redentora y Su resurrección. Para esas herejías Cristo no es nada. Aunque el protestantismo enseña las doctrinas bíblicas acerca de Cristo, dicha enseñanza es bastante pobre, llena de lagunas, imperfecta e incompleta. Debido a todas las devastadoras herejías y las doctrinas acertadas pero incompletas, se hace necesaria una restauración drástica en muchos aspectos. Debemos ver que el Cristo que lo es todo tiene la preeminencia en todas la cosas, que lo llena todo en todos, que es el centro y la universalidad de la economía de Dios y que fue asignado como la porción de los santos, como su redención, su vida, su suministro vital y su todo. Estos aspectos son extremadamente cruciales para que todos los creyentes participen de ellos, a fin de que disfruten a este Cristo y estén constituidos de El, de modo que lleguen a ser Sus miembros orgánicos y lo vivan y expresen a El en esta era y por la eternidad.

III. EL ESPIRITU CONSUMADO

La expresión *el Espíritu consumado* indica que el Espíritu pasó por un proceso. Según lo revelado en el Antiguo Testamento, el Espíritu de Dios llegó a ser el Espíritu consumado, compuesto y que lo es todo. En cuanto a este tema, la negligencia, la ignorancia, la escasez, los malos entendidos y las interpretaciones erróneas han llegado al colmo.

Veamos tres aspectos cruciales acerca del Espíritu consumado. En primer lugar, al Espíritu de Dios se le añadieron ciertos ingredientes para hacerlo un ungüento compuesto, como se revela en Exodo 30:23-25. En segundo lugar, el Espíritu todavía no estaba presente antes de que Jesús fuese glorificado en la resurrección, lo cual se expresa claramente en Juan 7:39. Tercero, el Espíritu viene a ser los siete Espíritus de Dios, que actúan como las siete lámparas que están ante el trono y como los siete ojos del Cordero, según se revela en Apocalipsis 1:4, 4:5 y 5:6. Estos tres aspectos cruciales han sido olvidados por casi todos los que estudian la Biblia y también por los que la enseñan.

Además, el Espíritu de Dios era considerado por los que tradujeron el Nuevo Testamento, como el poder de Dios, o un instrumento de Dios, no como una persona que estuviera al mismo nivel de las otras dos de la Trinidad divina. Esto contrasta con lo expresado claramente por el Señor en Mateo 28:19, donde dijo: "Por tanto, id, y haced discípulos a todas las naciones, bautizándolos en el nombre del Padre, y del Hijo, y del Espíritu Santo". En conformidad con esto, los tres de la Trinidad divina son tres personas distintas. Por consiguiente, el Espíritu Santo no es solamente el poder o un instrumento de Dios, sino que además es una persona. Inclusive, cuando se publicó la primera Biblia en inglés, en el siglo diecisiete, para referirse al Espíritu Santo se usó un pronombre neutro [el cual se utiliza con relación a animales u objetos inanimados], no un pronombre personal. Obviamente eso no es correcto. La negligencia, la ignorancia, los malos entendidos y las interpretaciones erróneas acerca del Espíritu han sido corregidas, y la verdad al respecto se ha completado en el recobro del Señor. A partir del siglo diecinueve en las diferentes versiones de la Biblia en inglés al hacer referencia al Espíritu se cambió el pronombre neutro por el pronombre personal. En estas últimas décadas el Señor nos ha mostrado algunas verdades en cuanto al Espíritu consumado, compuesto y que lo es todo, las cuales presentamos a continuación.

En Éxodo 30:23-25 se revela que el Espíritu de Dios se compone de la divinidad de Cristo (representada por el hin de aceite), a la cual se le añadió Su humanidad (representada por las cuatro especias), Su muerte y la eficacia de la misma (representada por la mirra y la canela), Su resurrección con el poder de ésta (representada por el cálamo y la casia), y la Trinidad divina (representada por las tres medidas de quinientos ciclos, que son las cantidades de cada especia, una de las cuales se separa en dos mitades de doscientos cincuenta ciclos). Por lo tanto, el Espíritu de Dios se convirtió en un compuesto de varios ingredientes, y ya no es solamente aceite.

En Juan 7:39 y en 1 Corintios 15:45 se revela que antes de que Cristo fuera glorificado en la resurrección, el Espíritu de Dios no había pasado por un procesado ni había llegado a ser el Espíritu vivificante. Al resucitar Cristo, o sea el postrer Adán en la carne, llegó a ser el Espíritu vivificante mediante el proceso de crucifixión y resurrección. Más adelante, este Espíritu es llamado el Espíritu de Jesús (Hch. 16:7), el Espíritu de Cristo, o el Cristo de *pneuma* (Ro. 8:9), el Espíritu de Jesucristo (Fil. 1:19) y el Espíritu de vida (Ro. 8:2). En Apocalipsis 1:4, 4:5 y 5:6 el Espíritu de Dios llega a ser los siete Espíritus, es decir, el Espíritu siete veces intensificado, el cual contrarresta la degradación de la iglesia en esta era de tinieblas. Después de llegar a ser un compuesto y de ser intensificado, el Espíritu de Dios vino a ser "el Espíritu", que es el Espíritu de Dios, el cual fue procesado y consumado y es el Dios triuno procesado y consumado (Ap. 22:17a).

Debemos prestar atención a este aspecto, ya que el Espíritu consumado es uno de los aspectos primordiales en el recobro del Señor. Ahora Cristo lo es todo, y el Espíritu de Dios es el Espíritu consumado. Este Espíritu, el Espíritu de Dios, el Espíritu Santo compuesto de la divinidad de Cristo, al cual se le añadieron Su elemento humano, Su muerte y la eficacia de la misma, y la resurrección con el poder de ésta a fin de ser el

Espíritu vivificante que mora en el creyente, es la realidad y la aplicación del Cristo encarnado, crucificado y resucitado, y es la consumación del Dios triuno procesado. Lo anterior, lo cual el Señor nos ha mostrado en estas décadas, son las prioridades destacadas y cruciales en Su recobro hoy.

IV. LA VIDA ETERNA

Por lo general, entre los creyentes la vida eterna se ha conocido como una especie de vida que tendrán en un paraíso preparado para ellos, el cual disfrutarán para siempre en el cielo, después de que mueran. Inclusive en la actualidad, la enseñanza de que "vamos al cielo" es muy predominante. Los maestros cristianos no comunican al pueblo el entendimiento correcto de lo que es la vida eterna, sino que la explican como un lugar de felicidad, en el cual los creyentes disfrutarán ciertos placeres para siempre después de la muerte. Dicen que es una vida que perdura para siempre. ¡Qué error tan garrafal es éste! Mas damos gracias al Señor porque en estos setenta años El ha restaurado entre nosotros la perspectiva bíblica y el entendimiento correcto de lo que es la vida eterna, la vida de Dios, la cual recibimos de El cuando creímos en Su Hijo Jesucristo. Es una vida que se halla en el nivel más elevado, pues es la vida divina, la vida del Dios triuno en Su totalidad. Esta vida es increada, incorruptible, indestructible y también eterna. Eterna significa completa en calidad, cantidad, tiempo, espacio y existencia. La vida eterna que recibimos al creer en Cristo es perfecta y completa en calidad, cantidad, tiempo, espacio y existencia. Es perfecta y completa eternamente, ya que existe por la eternidad en el tiempo y el espacio. No es pasajera, sino eterna en todos los aspectos, no sólo en el aspecto de tiempo. Nosotros fuimos regenerados con esta vida que perdura para siempre, que es eterna, perfecta, completa, incorruptible, indestructible y maravillosa, y con esta misma vida somos transformados y seremos glorificados con el Dios triuno consumado como nuestra gloria eterna. ¡Esta es la vida eterna!

V. LA IGLESIA

Según la revelación y el modelo del Nuevo Testamento, la iglesia es la reunión de los creyentes a quienes Dios llama a salir del mundo. Esta reunión se considera, por un lado, la casa del Dios viviente (1 Ti. 3:15), donde Él mora y lleva a cabo Su voluntad según Su deseo y por Su beneplácito y, por otro, el Cuerpo orgánico de Cristo (Ef. 1:22-23), el cual llega a ser Su complemento, quien tiene una unión orgánica con Él a fin de ser Su expresión. La iglesia es el nuevo hombre, la nueva creación (Col. 3:10; Gá. 6:15), y además de estos dos aspectos, ella es universalmente una sola, pero se expresa en muchas localidades en forma de iglesias locales. La comunión en vida de la iglesia es única tanto universal como localmente.

La iglesia permaneció en su condición normal sólo por un breve período. Casi al final del siglo primero, el período de los primeros apóstoles, se infiltraron facciones y divisiones que dañaron la iglesia (1 Co. 1:10-13; Ro. 16:17; Tit. 3:10). Dichas facciones crecieron y empeoraron en los siglos subsiguientes, a partir de la era de los padres de la iglesia. La iglesia trató de solucionar el problema de las divisiones celebrando concilios entre los líderes que enseñaban en las ciudades más importantes, como por ejemplo Nicea y Efeso. Esto no resolvió nada. La confusión persistió hasta fines del siglo sexto, cuando se implantó el sistema papal, el cual deformó la iglesia al establecer la iglesia Católica universal regida por el Papa, con el fin de mantener una unidad ficticia en todo el mundo.

En el siglo dieciséis, durante la Reforma, por las enseñanzas de Martín Lutero muchos salieron de la iglesia Católica, regida por el Papa, pero no recibieron la debida revelación ni la iluminación para recuperar la práctica de la iglesia según la revelación ni el modelo del Nuevo Testamento. Formaron primero las iglesias estatales, como fue el caso de la Iglesia de Alemania y el de la Iglesia de Inglaterra. Surgieron iglesias particulares y denominaciones, como por ejemplo la Iglesia Bautista y la Iglesia Presbiteriana. En el siglo dieciocho, Zinzendorf restauró parcialmente la práctica de la iglesia. Más adelante, en el siglo diecinueve, surgieron los hermanos de Inglaterra, los cuales restauraron la práctica de la iglesia en un mayor grado, al punto de que tenían asambleas locales. A éstas las consideramos la iglesia en Filadelfia (Ap. 3:7-13). Lamentablemente, aquel estado glorioso no duró mucho, pues dichos hermanos se dividieron en la primera generación, en lo que se conoce como los hermanos abiertos y los hermanos cerrados, y aparte de estos dos grupos, otros siguieron a un líder de apellido Newton. A comienzos del siglo veinte, sólo después de algo más de medio siglo, se habían fraccionado en centenares de asambleas independientes, y en algunos casos había más de una en la misma ciudad. En semejante situación, el Señor tuvo que levantar el recobro como un nuevo comienzo, lo cual hizo en China, un país pagano y conservador, un territorio virgen para la práctica de la iglesia. Esto sucedió en la tercera década de dicho siglo. En esta acción fresca, en las últimas siete décadas, el Señor ha restaurado el debido entendimiento y la definición correcta de la vida eterna, la iglesia de Dios, los límites de la iglesia local, la base de la unidad genuina de la iglesia, Cristo como la vida vencedora, el Cristo que lo es todo y que tiene la preeminencia en todas las cosas tanto en la primera creación como en la nueva creación, y que es el centro y la universalidad de la economía eterna de Dios, la iglesia como Cuerpo de Cristo, el Espíritu compuesto, vivificante y que lo es todo, la economía eterna de Dios en cuanto a la iglesia, la impartición del Dios triuno en el hombre tripartito, el producto final de los escogidos de Dios en la Nueva Jerusalén, la visión completa y la definición de la Nueva Jerusalén como la manifestación final y eterna de Dios y Su expresión en Su mezcla con Su pueblo redimido, regenerado, transformado y glorificado. En dicha restauración llegamos a la práctica de la vida genuina de iglesia, donde nos centramos en el Cristo que lo es todo, el Espíritu consumado, la vida eterna, y en todas las verdades divinas de la realidad, no de la letra muerta, y procuramos escapar de la organización, el dogmatismo, los preceptos, los ritos, el sistema de clérigos y laicos y de las tradiciones, a fin de practicar el sacerdocio universal, que es la función de todos los miembros de Cristo en la vida de iglesia, con miras a la edificación del Cuerpo de Cristo dentro de la economía eterna de Dios.

VI. LA UNIDAD DEL CUERPO DE CRISTO

La unidad del Cuerpo de Cristo es la unidad del Espíritu (Ef. 4:3) y también la unidad de la constitución divina producida por la Trinidad divina (Jn. 17:21-23). Este es un aspecto de la unidad, necesario para que la iglesia esté cimentada en la base apropiada de unidad. La unidad divina separa a los creyentes de los incrédulos para que sean el Cuerpo de Cristo. También existe un aspecto práctico de la unidad de la iglesia que se relaciona con la base de la unidad. Todos los creyentes son componentes del Cuerpo de Cristo, pero en la práctica, están esparcidos por muchas ciudades de la tierra y se reúnen en diferentes unidades en cada ciudad, según donde vivan. En el modelo del Nuevo Testamento, establecido y dispuesto por Dios, y en la revelación neotestamentaria de la economía de Dios acerca de la iglesia, en una ciudad donde haya creyentes no debe haber más de una unidad o expresión local del Cuerpo de Cristo; tampoco debe haber una iglesia local que no tenga comunión en el Cuerpo de Cristo con las demás iglesias locales. Todos estos límites de la base de unidad son la salvaguarda en la vida de iglesia que evita cualquier división en el Cuerpo de Cristo.

VII. LA BASE LOCAL DE UNIDAD SOBRE LA CUAL SE REUNE LA IGLESIA

La base local de la unidad es la verdadera unidad del Cuerpo de Cristo y se practica en las iglesias locales. Tanto el Cuerpo universal de Cristo como las iglesias locales son una sola entidad. Dado que el Cuerpo de Cristo es uno solo, debe haber una sola iglesia local en cada ciudad. Esta unidad es el elemento básico de la vida de iglesia. Puesto que la unidad del Cuerpo de Cristo es la unidad del Espíritu (Ef. 4:3), la unidad que se practica en la iglesia local debe darse en el mover del Espíritu y ser regida por El. Por lo tanto, el Espíritu también es el elemento básico de la unidad de la iglesia. Además, como la iglesia local depende de la localidad, ésta también es un factor crucial de la base de unidad de la iglesia. Así que, la base de unidad de la iglesia sobre la cual se establece la iglesia local debe ser forjada y fortalecida por la unidad que produce el Espíritu, y dicha unidad, a su vez, es preervada por la localidad.

Además de la unidad del Espíritu y la unidad práctica que existe en la localidad, según acabamos de discutir, hay otro factor de unidad, que es "la unidad de la fe y del pleno conocimiento del Hijo de Dios" mencionada en Efesios 4:13. Al respecto, la nota 13[2] de Efesios 4 en la versión Recobro dice: "En el versículo 3 la unidad del Espíritu es la unidad de la vida divina en la realidad; en este versículo la unidad es la unidad de nuestro vivir en forma práctica. Ya tenemos la realidad de la unidad de la vida divina; simplemente necesitamos mantenerla. Sin embargo, necesitamos avanzar hasta que lleguemos a la unidad de nuestro vivir en forma práctica. Este aspecto de la unidad está constituido de dos cosas: la fe y el pleno conocimiento del Hijo de Dios. Tal como se revela en Judas 3, 2 Timoteo 4:7 y 1 Timoteo 6:21, *la fe* no se refiere a la acción de creer, sino a las cosas en las cuales creemos, tales como la persona divina de Cristo y Su obra redentora efectuada para nuestra salvación. El pleno conocimiento del Hijo de Dios es la aprehensión o comprensión de la revelación acerca del Hijo de Dios por la cual lo experimentamos. Cuanto más crezcamos en vida, más nos adheriremos a la fe y al conocimiento de Cristo, y más fácilmente dejaremos todos los conceptos doctrinales secundarios y menos significativos, los cuales causan divisiones. Luego llegaremos a la unidad práctica, o sea que la alcanzaremos; es decir, llegaremos a la medida de un hombre de plena madurez, a la medida de la estatura de la plenitud de Cristo". Para mantener este aspecto de la unidad debemos ser diligentes y hacer a un lado los conceptos doctrinales secundarios (los vientos de enseñanzas), los cuales causan divisiones. Entonces llegaremos a la unidad práctica, a la estatura de un hombre de plena madurez, a la medida de la estatura de la plenitud de Cristo.

ACERCA DEL AUTOR

Witness Lee nació en 1905 en el seno de una familia cristiana al norte de China. A la edad de diecinueve años fue plenamente cautivado por Cristo y de inmediato dedicó su vida a predicar el evangelio. Poco después de comenzar a servir al Señor, conoció a Watchman Nee, un renombrado predicador, maestro y escritor cristiano. Witness Lee laboró junto con él y bajo su dirección. En 1934 Watchman Nee confió a Witness Lee la responsabilidad de la Librería evangélica de Shanghai, la cual publicaba sus escritos.

En 1949, antes de que el régimen comunista se estableciera en China, Watchman Nee y sus colaboradores enviaron a Witness Lee a Taiwan para que no se perdiera lo que el Señor les había encomendado. Watchman Nee encargó a Witness Lee que continuara la obra de publicación por medio de la Librería evangélica de Taiwan, la cual es reconocida públicamente como la editora de las obras de Watchman Nee fuera de la China. La labor de Witness Lee en Taiwan manifestó la abundante bendición del Señor. Comenzando con un grupo de 350 creyentes, la mayoría de los cuales había huido de la China continental, las iglesias en Taiwan llegaron a 20,000 miembros en cinco años.

En 1962 Witness Lee fue guiado por el Señor a mudarse a los Estados Unidos y se radicó en California. Durante sus 35 años de servicio en dicho país, dio miles de mensajes en reuniones durante la semana y en conferencias los fines de semana. Una gran parte de sus mensajes se ha publicado en más de 400 libros, muchos de los cuales han sido traducidos a más de catorce idiomas. Dio su última conferencia en febrero de 1997 a la edad de 91 años.

Witness Lee deja como legado una amplia presentación de la verdad contenida en la Biblia. Su obra principal, *Estudio-vida de la Biblia*, consta de más de 25,000 páginas de explicaciones sobre todos los libros de la Biblia, desde la perspectiva del disfrute y la experiencia que el creyente tiene de la vida de Dios en Cristo por medio del Espíritu Santo. Witness Lee fue el editor principal de una nueva traducción del Nuevo Testamento al chino, y dirigió la traducción del mismo al inglés. La Versión Recobro también ha sido traducida a otros idiomas, incluyendo el español, y contiene un cuerpo extenso de notas de pie de página, bosquejos y citas paralelas. Los mensajes de Witness Lee se transmiten por la radio en numerosas emisoras cristianas en los Estados Unidos y en otros países. En 1965 Witness Lee fundó Living Stream Ministry, una corporación sin ánimo de lucro radicada en Anaheim California, la cual difunde oficialmente el ministerio de Witness Lee y Watchman Nee.

El ministerio de Witness Lee se centra en la experiencia que el creyente tiene de Cristo como vida y en la unidad práctica de los creyentes como Cuerpo de Cristo. Con este énfasis, él guió a las iglesias que estuvieron bajo su cuidado a crecer en la vida y el servicio cristiano. Fue firme en su convicción de que Dios no se complace en el sectarismo, sino que tiene como meta producir el Cuerpo de Cristo. En respuesta a dicha convicción, los creyentes simplemente empezaron a reunirse como la iglesia en sus localidades. En años recientes, numerosas iglesias han sido establecidas en Rusia y en varios países de Europa.

OTROS LIBROS PUBLICADOS POR
Living Stream Ministry

Títulos por Witness Lee:

La experiencia de vida	0-87083-632-3
El conocimiento de la vida	0-87083-917-9
El árbol de la vida	1-57593-813-8
La economía de Dios	0-87083-536-x
La economía divina	0-87083-443-6
La economía neotestamentaria de Dios	0-87083-252-2
Cristo es contrario a la religión	0-7363-1012-6
El Cristo todo-inclusivo	0-87083-626-9
La revelación básica contenida en las santas Escrituras	1-57593-323-3
La revelación crucial de la vida hallada en las Escrituras	1-57593-811-1
El Espíritu con nuestro espíritu	0-7363-0259-x
La expresión práctica de la iglesia	0-87083-905-5
La especialidad, la generalidad y el sentido práctico de la vida de iglesia	0-87083-123-2
La carne y el espíritu	0-87083-793-1
Nuestro espíritu humano	0-87083-259-x
La autobiografía de una persona que vive en el espíritu	0-7263-1126-2
La preciosa sangre de Cristo(folleto)	0-7363-0228-x
La certeza, seguridad y gozo de la salvación (folleto)	0-7363-0991-8
Los vencedores	0-87083-724-9

Títulos por Watchman Nee:

Cómo estudiar la Biblia	0-7363-0539-4
Los vencedores que Dios busca	0-7363-0651-x
El nuevo pacto	0-7363-0064-3
El hombre espiritual	0-7363-0699-4
La autoridad y la sumisión	0-7363-0987-x
La vida que vence	1-57593-909-6
La iglesia gloriosa	0-87083-971-3
El ministerio de oración de la iglesia	1-57593-908-8
El quebrantamiento del hombre exterior y la liberación del espíritu	1-57593-380-2
El misterio de Cristo	1-57593-395-0
El Dios de Abraham, de Isaac y de Jacob	1-57593-377-2
El cantar de los cantares	1-57593-956-8
El evangelio de Dios (2 tomos)	1-57593-940-1
La vida cristiana normal de la iglesia	0-87083-495-9
El carácter del obrero del Señor	1-57593-449-3
La fe cristiana normal	0-87083-779-6

Disponibles en
librerías cristianas o en Living Stream Ministry
2431 W. La Palma Ave. • Anaheim CA 92801
1-800-549-5439 • www.livingstream.com